Susanne Helmold

Ganz besondere Kuscheltiere

einfach selbst gemacht

Mit Fotografien von Markus Hertrich

Inhalt

6	Zu diesem Buch
8	Material, Werkzeug und Techniken
13	Schritt für Schritt genäht
16	Katze Kitty
18	Kurti, die Promenadenmischung
20	Meister Langohr
22	Froschbaby
24	Terrier Hardy
26	Kuschelbär Harry
28	Crazy Chicky
30	Tante Käthe
32	Fisch Flossy
34	Knuddelhund Angelheart
36	Spitzmaus Dolores
38	Elefant Bobo
40	Kuschelente Plietschi
42	Huhn Daisy
44	Nilpferd Hippo
46	Kuschelkissen Antonia
48	Filzteddys Fiete & Henry
50	Nuckelteddy Sammy
52	Puh, das Langohrschaf
54	Frosch Froggi
56	Schmusige Tierkissen
58	Schnabeltier Elmo
60	Wuschelmonster Wobbel
62	Mausi Maus

Zu diesem Buch

Zu diesem Buch

Kinder brauchen Kuscheltiere. Und meist wird nicht das edle Stofftier aus dem Kaufhaus besonders geliebt, sondern der olle, vielleicht schon etwas ramponierte, kuschelige Kamerad, der mit dem Kind schon durch dick und dünn gegangen ist, ihm beim Einschlafen geholfen und es getröstet hat, wenn der Kummer groß war. In diesem Buch finden Sie viele solcher Lieblingstiere, die sich als stille Freunde eignen und von Ihrem Kind ganz sicher ins Herz geschlossen werden – vor allem wenn Sie diesen besonderen Kuschel-Kameraden selbst hergestellt haben.
Auch wenn Sie noch keine große Näherfahrung haben, brauchen Sie nicht zu befürchten, dass Sie mit den Anleitungen nicht zurechtkommen. Ich habe mich bemüht, alle Vorgänge mit einfachen Worten genau zu beschreiben. Bei den Anleitungen finden Sie exakte Materialangaben und auf dem Bogen die Schnittmuster für sämtliche Kuscheltiere. Außerdem zeige ich Ihnen exemplarisch im Rahmen eines Lehrgangs in zehn Schritten, wie Sie beim Nähen vorgehen sollten. Im einführenden Kapitel zu Material und Werkzeug erhalten Sie zudem alle wichtigen Informationen zu Stoffen, Füllmaterialien, Nadeln, Garnen und zur Nähmaschine. Es wird erklärt, wie Sie die Schnittmuster vom Bogen problemlos auf die Stoffe übertragen, wie Sie die Gesichter der Kuscheltiere gestalten und was Sie bei der Herstellung von Stofftieren für Kleinkinder und Babys unbedingt beachten sollten. Auch diejenigen von Ihnen, die ein Tier nähen wollen, dass noch mehr kann als kuscheln, werden hier fündig. So erhalten Sie z. B. Tipps, wie ein Modell zur Spieluhr oder zur Wärmflaschenhülle – als dekoratives Geschenk zu Geburt oder Taufe – umgearbeitet werden kann. Versprochen – nicht nur Ihr Kind, auch Sie werden Ihre Freude haben an den ulkigen und knuffigen Gesellen. Und die Arbeit wird Ihnen leicht von der Hand gehen, wenn Sie beobachten, wie die zottelige Persönlichkeit allmählich entsteht. Ich habe Hippo, Kurti, Tante Käthe und all die anderen Kuscheltiere während der Arbeit an diesem Buch lieb gewonnen und hoffe, Ihnen und Ihrem Kind geht es ebenso.
Aber genug der langen Vorrede. Greifen Sie zu Stoff und Nähmaschine und dann geht's frisch ans Werk! Viel Spaß mit Kitty, Angelheart, Crazy Chicky und allen anderen wünscht

Ihre Susanne Helmold

Material, Werkzeug und Techniken

Material, Werkzeug und Techniken

Um die in diesem Buch vorgestellten Kuscheltiere nähen zu können, benötigen Sie die folgenden Materialien und Werkzeuge:

- Frotteestoffe, verschiedene Baumwollstoffe, Fellimitate, Filz, Samtstoffe
- Schnittmusterpapier oder große Bogen Pergamentpapier, z. B. DIN A3
- Papier- und Stoffschere
- Schneiderkreide oder wasserlöslichen Markierungsstift
- Bleistift
- Kreppband
- Maßband
- Stecknadeln und Nähnadeln
- Nähmaschine
- farblich passende Nähgarne sowie Heftgarn
- Bügeleisen
- Stickgarn in verschiedenen Farben für Augen, Nase, Mund
- Plastik- und Glasaugen
- Füllwatte
- Kunststoffgranulat
- Schafwolle
- Schaumstoffflocken
- Volumenvlies
- Haftvlies

Material, Werkzeug und Techniken

Stoffe
Die Modelle in diesem Buch sind überwiegend aus reinen Baumwollstoffen, Filz und verschiedenen Fellstoffen genäht. Besonders Baumwollstoffe sind sehr stabil und strapazierfähig und daher gut für Kinderhände geeignet. Erkundigen Sie sich beim Stoffkauf, ob sich das Material für Ihren Bedarf anbietet und tatsächlich ausreichend strapazierfähig ist. Die Stoffe, die für dieses Buch verwendet wurden, erhalten Sie in der Regel doppelt gelegt, d. h. die Stoffbreite beträgt 2 x 75 cm, also 150 cm. Genaue Angaben zur Stoffmenge finden Sie in den Anleitungen bei den Materialangaben. Kaufen Sie immer eine ausreichende Menge von einer bestimmten Stoffsorte, denn die Schattierungen können je nach Farbbad variieren.

Vor der Verarbeitung sollten Sie die meisten Stoffe waschen, da z. B. reine Baumwollstoffe um bis zu 10 % einlaufen können. Bei hellen Baumwollstoffen reicht es häufig, die Stoffe auf höchster Stufe mit einem Dampfbügeleisen zu bügeln. Dadurch lässt sich der Prozess des Einlaufens vorwegnehmen.

Viele der hier gezeigten Modelle sind aus Fellimitaten genäht. Die Verarbeitung von Fellimitaten erfordert etwas Fingerspitzengefühl. Vor dem Nähen sollte der Flor nach innen gestrichen werden. Falls doch einmal Fellhaare beim Nähen mitgefasst werden, können diese anschließend mit einer Stopfnadel herausgezogen werden. Nähte im Fellimitat fallen so kaum auf.

9

Material, Werkzeug und Techniken

Füllmaterial
Füllmaterial erhalten Sie im Handarbeitsfachgeschäft oder im Hobbyfachhandel. Für die Kuscheltiere in diesem Buch habe ich in der Regel Füllwatte verwendet. Sie können jedoch auch auf andere Materialien zurückgreifen. Die wichtigsten seien hier vorgestellt: Synthetische Füllwatte lässt sich problemlos in der Waschmaschine waschen und verklumpt nicht. Schafwolle fühlt sich sehr weich an und ist außerdem besonders hautfreundlich. Kunststoffgranulat verleiht den Körpern die nötige Schwere und ist in der Waschmaschine bis 40°C waschbar. Badewannentauglich sind Tiere, die mit Kunststoffgranulat oder Schaumstoffflocken ausgestopft werden. Schaumstoffflocken eignen sich aber eigentlich nur für Schmusetiere aus Frottee. Je nach Modell lassen sich die Füllstoffe auch gut miteinander kombinieren. So können Sie z. B. Kopf, Beine und Ohren mit Füllwatte ausstopfen, den Körper hingegen für eine bessere Standhaftigkeit mit Kunststoffgranulat füllen.

Nähmaschine
Die Näharbeiten in diesem Buch realisieren Sie am besten mit der Nähmaschine. Besondere Zierstich- oder Stickprogramme sind nicht erforderlich, Applikationen werden mit Zickzackstich oder beliebigen Zierstichen aufgenäht. Die meisten Nähmaschinen besitzen einen Standardnähfuß, bei dem der Abstand zwischen der mittleren Nadelposition und dem äußeren Rand des rechten Nähfußes genau 0,75 cm beträgt. Dies entspricht der in diesem Buch empfohlenen Nahtzugabe.

Schere
Zum Schneiden von Papier für die Herstellung von Schnittmustern genügt eine normale Haushaltsschere. Um Stoffe oder Bänder zu schneiden, sollten Sie am besten auf eine zweite Schere zurückgreifen, mit der Sie ausschließlich Stoff schneiden. Schneiden Sie niemals Papier mit Ihrer Stoffschere; sie wird dadurch stumpf.

Vorlagen übertragen
Die wichtigste Voraussetzung für das Gelingen eines Kuscheltiers ist die sorgfältige Vorbereitung und das exakte Übertragen des Schnittmusters vom Schnittmusterbogen auf den Stoff. Alle Schnittteile auf dem Schnittmusterbogen sind in Originalgröße abgebildet. Eine einfache Möglichkeit, um Vorlagen zu übertragen, bietet Pergament- oder Schnittmusterpapier. Legen Sie das Pergamentpapier auf den Bogen und kleben Sie es mit Kreppband fest, damit nichts verrutscht. Ziehen Sie die Linien mit einem Bleistift nach. Übertragen Sie auch alle sonstigen Angaben. Schneiden Sie die Schnittteile aus und legen Sie sie so auf die Rückseite des Stoffes, dass noch eine Nahtzugabe von 0,75 cm hinzugegeben werden kann. Stecken Sie die Schnittteile mit Stecknadeln auf den Stoff und umfahren Sie die Schnittkontur mit Schneiderkreide oder einem wasserlöslichen Markierungsstift. Einige Schnittteile wie z. B. Gesichtshälften, Arme, Beine und Ohren benötigen Sie zweimal. Legen Sie die Schnitte für diese Teile einmal mit der beschrifteten und einmal mit der unbeschrifteten Seite auf den Stoff.

Zuschneiden und Nähen
Die idealen Werkzeuge für den Zuschnitt sind gute Stoffscheren. Sie erleichtern das genaue Zuschneiden von Rundungen und Applikationen. Bei langen und geraden Zuschnitten hat sich ein Rollschneider und eine Schneidmatte bewährt. Mit einem Rollschneider lassen sich problemlos mehrere Stofflagen gleichzeitig schneiden. Weitere unerlässliche Hilfsmittel sind Schneiderkreide oder wasserlösliche Markierungsstifte. Für helle Stoffe sind dunkle Markierungsstifte geeignet, die sich nach dem Nähen problemlos wieder mit Wasser und einem Schwamm entfernen lassen. Bei dunkleren

Material, Werkzeug und Techniken

Stoffen arbeiten Sie am besten mit heller Schneiderkreide. Testen Sie auf jeden Fall vor Nähbeginn an einem Probestück, ob sich der Markierungsstift restlos entfernen lässt. Die Nahtzugabe bei allen hier gezeigten Modellen beträgt 0,75 cm. Alle Modelle in diesem Buch sind mit der einfachen Steppnaht genäht. Legen Sie die Stoffteile rechts auf rechts aufeinander, stecken Sie sie fest und heften Sie sie entlang den Stoffkanten mit großen Stichen zusammen. Prüfen Sie vor dem Nähen genau, ob die Stoffteile bündig aufeinander liegen. Besonders Stoffe, die leicht verrutschen, wie Samt oder Fellstoffe sollten vor dem Nähen mit ausreichend vielen Stecknadeln zusammengesteckt werden.
Nähen Sie die Teile mit der Nähmaschine mit dem Geradstich zusammen und ziehen Sie den Heftfaden anschließend einfach heraus. Vor- und Zurücknähen verhindert das Lösen der Naht.

Maschinenapplikationen
Einfache dekorative Elemente können auf die Untergrundstoffe appliziert werden. Die Motivteile für die Maschinenapplikation werden ohne Nahtzugabe zugeschnitten. Als Hilfsmittel können Sie Haftvlies (z. B. Vliesofix) verwenden, das mit einem Bügeleisen von links auf den Stoff aufgebügelt wird. Dann ziehen Sie das Trägerpapier ab, legen das Applikationsmotiv auf den Untergrundstoff und fixieren es mit dem Bügeleisen. Anschließend umnähen Sie die offenen Kanten mit Zickzackstich oder einem beliebigen Zierstich. So sind die Stoffkanten vor dem Ausfransen geschützt.

Gesichter gestalten
Die Gestaltung von Augen, Nase und Mund ist für die Wirkung des Kuscheltieres von entscheidender Bedeutung. Bei einigen Modellen habe ich auf die im Bastelfachhandel angebotenen Augen und Schnauzen zurückgegriffen. Diese werden entweder aufgeklebt oder mit einem Stift und einer Sperrscheibe am Stoff befestigt. Besonders hübsch wirken gestickte Gesichter, die mit verschiedenfarbigem Stickgarn ausgeführt werden. Beschneiden Sie im Bereich von Schnauze und Nase die Plüschhaare mit einer Schere. So lässt sich die Stickerei einfacher ausführen. Beginnen Sie beim Sticken nicht mit einem Knoten, sondern ziehen Sie das Fadenende in das Fell ein. Festen Halt bekommt der Faden, wenn Sie mehrfach an denselben Stellen ein- und ausstechen. Sticken Sie Nase und Mund immer im Zusammenhang und stechen Sie zum Schluss wieder mehrfach an denselben Stellen ein und aus, damit sich die Stickerei nicht wieder löst. Die Konturen im Gesicht lassen sich mit den folgenden beiden Stickstichen am besten realisieren:

1. Stielstich

Eine Augenumrandung oder einen schmalen Mund sticken Sie mit dem Stielstich. Bei diesem Stich werden exakt parallel gearbeitete, kurze Stiche von rechts nach links ausgeführt, um kleine Flächen dicht an dicht zu bedecken.

2. Plattstich

Mit diesem Stich können Sie eine Fläche wie z. B. ein Auge oder eine Nase mit vielen eng nebeneinander gesetzten Stichen ausfüllen. Achten Sie darauf, dass die Garnschlinge immer unten liegt.

Material, Werkzeug und Techniken

Nahtzahlen
Nahtzahlen dienen als Orientierungshilfe beim Zusammenheften verschiedener Teile. Achten Sie darauf, dass die gleichen Zahlen immer genau aufeinander treffen.

Sicherheitshinweise
Bei der Herstellung von Kuscheltieren für Kleinkinder und Babys sollten Sie darauf achten, dass keine Kleinteile abgerissen und verschluckt werden können. Verwenden Sie zum Nähen nur reißfestes Garn und achten Sie dabei auf die Nadelempfehlungen in Ihrer Nähmaschinenanleitung. Bei der Gestaltung der Gesichter sollten Sie unbedingt auf Sicherheitsaugen zurückgreifen oder die Gesichtskonturen mit Stickgarn ausführen.

Schritt für Schritt genäht

Anhand eines Huhns zeige ich Ihnen Schritt für Schritt, wie ein Stofftier genäht wird:

1. Übertragen Sie zuerst alle Teile auf Schnittmusterpapier und schneiden Sie sie aus. Stecken Sie die Schnitte mit Stecknadeln auf den Stoff. Übertragen Sie alle Konturen und Markierungen mit Schneiderkreide oder wasserlöslichem Markierungsstift auf den Stoff. Schneiden die einzelnen Teile mit einer Nahtzugabe von 0,75 cm zu.

2. Verstärken Sie zuerst die Flügel von links mit Volumenvlies, das Sie mit dem Bügeleisen fixieren. Achten Sie dabei auf die empfohlene Temperatureinstellung. Nähen Sie die Flügelteile rechts auf rechts zusammen. Schneiden Sie die Nahtzugabe, insbesondere an den Rundungen, auf 0,5 cm zurück und schneiden Sie den Stoff an den Rundungen bis kurz vor die Naht ein. Wenden Sie die Teile und dämpfen Sie die Nähte mit dem Bügeleisen.

Schritt für Schritt genäht

3. Dann nähen Sie den Hühnerkopf. Stecken und heften Sie die seitlichen Kopfteile zusammen. Legen Sie dabei den Hahnenkamm an der markierten Stelle mit ein. Schließen Sie die Nähte.

4. Legen Sie die beiden Schnabelteile aus Filz bündig aufeinander. Stecken und heften Sie die Teile zusammen. Schließen Sie die Schnabelnaht bis auf die Schmalseite. Schneiden Sie die Nahtzugabe auf 0,5 cm zurück und schneiden Sie den Stoff an der Rundung bis kurz vor die Naht ein. Wenden Sie den Schnabel und dämpfen Sie die Naht mit dem Bügeleisen. Nähen Sie den Schnabel an das Kopfteil. Wenden Sie den Kopf.

5. Dann nähen Sie die beiden Körperteile an den Längsseiten rechts auf rechts zusammen und bügeln die Nähte.

6. Fügen Sie das Kopfteil und den Körper zusammen und heften Sie dabei die Flügel an den makierten Stellen ein. Schließen Sie die Nähte. Wenden Sie den Körper.

7. Zum Schluss nähen Sie das Bodenteil und die Füße ein, indem Sie die untere Hälfte des Körperteils auf links drehen. Lassen Sie eine Öffnung zum Wenden und Füllen und arbeiten Sie die Füße an den Markierungen ein. Unteren Körper und Boden wenden.

8. Stopfen Sie das Huhn gleichmäßig mit Füllwatte aus. Beim Ausstopfen des Schnabels sollten Sie sich mit einer Häkelnadel behelfen.

9. Schließen Sie die restliche Öffnung von Hand mit einigen Stichen.

10. Sticken Sie die Augen mit Stickgarn auf oder nähen Sie zwei kleine Glasaugen mit festem Nähgarn an.

Katze Kitty

n **Material**

Samtstoff weiß, 150 x 30 cm
Teddyplüsch weiß, 150 x 30 cm
Nähgarn
Füllwatte
Stickgarn
Schnittmusterpapier
Bleistift
Stoff- und Papierschere
Schneiderkreide oder
wasserlöslicher Markierungsstift
Stecknadeln
Nähnadel
Sticknadel

n **Zuschnitt**

Körperteil 2 x aus Plüsch
Bodenteil 1 x aus Plüsch
Beine 4 x aus Samt
Sohlen 2 x aus Samt
Arme 4 x aus Samt
Kopf 1 x aus Plüsch, 1 x aus Samt

Tipp:
Wenn Sie Kittys Schnauze zusätzlich mit Barthaaren versehen möchten, können Sie einige Besenborsten verwenden und als Schnurrhaare mit wenigen Stichen von Hand aufnähen.

Vorlage 1

1. Übertragen Sie die Schnittteile auf Schnittmusterpapier und schneiden Sie sie aus. Stecken Sie die Schnitte mit Stecknadeln auf den Stoff. Übertragen Sie alle Konturen und Markierungen mit Schneiderkreide oder wasserlöslichem Markierungsstift auf den Stoff und schneiden Sie die einzelnen Teile mit einer Nahtzugabe von 0,75 cm zu.

2. Stecken und heften Sie zuerst die Kopfteile zusammen. Schließen Sie die Nähte. Die Halsnaht bleibt offen. Schneiden Sie die Nahtzugabe auf 0,5 cm zurück und schneiden Sie den Stoff an den Rundungen knappkantig bis kurz vor die Naht ein. Wenden Sie den Kopf und stopfen Sie ihn gleichmäßig, aber nicht zu fest, mit Füllwatte aus.

3. Legen Sie jeweils zwei Armschnittteile rechts auf rechts zusammen und schließen Sie die seitlichen Nähte und die vordere Naht. Schneiden Sie die Nahtzugabe auf 0,5 cm zurück. Schneiden Sie den Stoff an den Rundungen knappkantig ein und wenden Sie die Armteile. Füllen Sie die Arme mit etwas Füllwatte, jedoch nur so viel, dass sie sich noch gut in den Körper einnähen lassen.

4. Legen Sie zwei Beinteile rechts auf rechts zusammen und schließen Sie jeweils die beiden Längsseiten. Schneiden Sie die Nahtzugabe auf 0,5 cm zurück und schneiden Sie den Stoff an den Rundungen knappkantig bis kurz vor die Naht ein. Nähen Sie die Sohlen über die untere Öffnung und wenden Sie die Beine. Füllen Sie sie mit etwas Füllwatte, jedoch nur so viel, dass sie sich noch gut in den Bauch einnähen lassen.

5. Stecken Sie Rückenteil und Vorderteil an den Seiten zusammen und fügen Sie dabei die Arme ein. Schließen Sie die Seitennähte. Dann stecken und heften Sie das Bodenteil an die untere Öffnung des Körpers und fügen dabei die Beine mit ein. Schließen Sie die Naht entlang der Bodenöffnung und wenden Sie den Körper auf rechts. Füllen Sie den Körper locker mit Füllwatte. Ziehen Sie den Kopf auf die Halsöffnung und heften Sie beide Teile zusammen. Legen Sie den Rand nach innen und schließen Sie die Naht mit Matratzenstich.

6. Zeichnen Sie die Kontur von Augen, Nase und Mund mit einem Bleistift leicht vor und sticken Sie das Gesicht mit schwarzem Stickgarn auf.

Kurti, die Promenadenmischung

n Material
langhaariges Fellimitat,
150 x 50 cm
Futterstoff beige, 150 x 15 cm
Füllwatte
Pompon rosa
Wackelaugen oval
Textilkleber
Nähgarn
Schnittmusterpapier
Bleistift
Stoff- und Papierschere
Schneiderkreide oder
wasserlöslicher Markierungsstift
Stecknadeln
Nähnadel

n Zuschnitt
Arme 4 x
Körperhälfte 4 x
Ohren 2 x aus Futterstoff,
2 x aus Fell
Kopfmittelteil 1 x
Kopfhinterteile 2 x
Kopfseitenteile 2 x

Vorlage 2

1. Übertragen Sie die Schnitte auf Schnittmusterpapier und schneiden Sie sie aus. Stecken Sie die Schnittteile mit Stecknadeln auf den Stoff. Übertragen Sie alle Konturen und Markierungen mit Schneiderkreide oder einem wasserlöslichen Markierungsstift auf den Stoff und schneiden Sie die einzelnen Teile mit einer Nahtzugabe von 0,75 cm zu.

2. Nähen Sie zuerst die Ohren zusammen, indem Sie je ein Fell- und ein Futterteil rechts auf rechts zusammenlegen. Schließen Sie die Nähte. Schneiden Sie die Nahtzugabe dann auf 0,5 cm zurück und wenden Sie die Ohren.

3. Nun stecken Sie die Kopfteile zusammen. Legen Sie die Ohren dabei mit ein und falten Sie sie einmal zur Mitte hin. Schließen Sie die Nähte. Schneiden Sie die Nahtzugabe auf 0,5 cm zurück und schneiden Sie den Stoff an den Rundungen knappkantig bis kurz vor die Naht ein. Wenden Sie den Kopf und stopfen Sie ihn gleichmäßig, aber nicht zu fest, mit Füllwatte aus.

4. Legen Sie jeweils zwei Armschnittteile rechts auf rechts zusammen und schließen Sie jeweils die beiden Längsseiten und die vordere Naht. Schneiden Sie die Nahtzugabe auf 0,5 cm zurück. Schneiden Sie den Stoff an den Rundungen knappkantig ein und wenden Sie die Armteile. Füllen Sie die Arme mit etwas Füllwatte, jedoch nur so viel, dass sie sich noch gut in den Körper einnähen lassen.

5. Dann nähen Sie die Körperteile zusammen. Legen Sie dazu die Körperhälften rechts auf rechts zusammen und die Arme an den Markierungen dazwischen. Schließen Sie die Nähte beidseitig bis auf die Halsöffnung.

Dann wenden Sie den Körper. Stopfen Sie den Körper gleichmäßig, aber nicht zu fest mit Füllwatte aus. Stecken Sie Kopf und Körper zusammen und verschließen Sie die Naht von Hand mit Matratzenstich.

6. Für die Nase nähen Sie einen mittelgroßen, rosafarbenen Pompon von Hand mit einigen Stichen an die vordere Partie der Schnauze. Bei diesem Modell wurden zwei ovale Wackelaugen mit Textilkleber aufgeklebt. Sie können die Augenpartie aber auch aufsticken. Dies ist aus Sicherheitsgründen empfehlenswert, wenn Sie Kurti an ein kleines Kind verschenken möchten.

Tipp:
Die hier gezeigten Babyturnschuhe erhalten Sie in den Kinderabteilungen von Bekleidungsgeschäften.

Meister Langohr

◾ Material
geblümte Baumwollstoffe rosa,
hellblau, je 150 x 30 cm
Haftvlies
Nähgarn weiß
Füllwatte
Stickgarn
Schnittmusterpapier
Bleistift
Stoff- und Papierschere
Schneiderkreide
Stecknadeln
Nähnadel
Sticknadel

◾ Zuschnitt
Vorder- und Rückenteil je 1 x
Beine 4 x
Sohlen 2 x
Arme 4 x
Ohren je 2 x in Hellblau,
2 x in Rosa
rückwärtiges Kopfteil 1 x
vordere Kopfteile je 1 x
Applikation 1 x in Hellblau

Tipp:
Mit einem zum Dreieckstuch gelegten Stoffrest können Sie den Hals des Meisters Langohr schmücken.

Vorlage 3

1. Übertragen Sie die Vorlagen für die Schnittteile auf Schnittmusterpapier und schneiden Sie sie aus. Waschen und bügeln Sie den Baumwollstoff vor der Verarbeitung. Stecken Sie die Schnittteile mit Stecknadeln auf die Stoffe. Übertragen Sie alle Konturen und Markierungen mit Schneiderkreide. Schneiden Sie die einzelnen Teile mit einer Nahtzugabe von 0,75 cm zu.

2. Für die Applikation auf dem Körpervorderteil verstärken Sie ein Stück hellblauen Baumwollstoff mit Haftvlies und schneiden daraus eine Eiform ohne Nahtzugabe aus. Bügeln Sie diese Applikation mittig auf das Vorderteil und umsticken Sie die Kontur mit mittlerem Zickzackstich.

3. Dann nähen Sie die Arme und Beine. Dazu die Stoffteile rechts auf rechts zusammenheften und die Nähte schließen. Bei den Beinen arbeiten Sie die Fußsohle ein. Schneiden Sie die Nahtzugabe auf 0,5 cm zurück und schneiden Sie die Naht an den Rundungen mit einer Schere knappkantig ein. Wenden Sie Arme und Beine und dämpfen Sie die Nähte mit dem Bügeleisen. Stopfen Sie Beine und Arme gleichmäßig, aber nicht zu fest, mit Füllwatte.

4. Nun stecken und heften Sie die vordere und hintere Körperhälfte zusammen. Heften Sie dabei Arme und Beine an den markierten Stellen ein. Schließen Sie alle Nähte bis auf die Halsnaht.

5. Nähen Sie anschließend die Ohren zusammen, indem Sie je ein hellblaues und ein rosa Teil rechts auf rechts zusammenlegen. Schließen Sie die Nähte. Schneiden Sie die Nahtzugabe auf 0,5 cm zurück und wenden Sie die Ohren. Stopfen Sie die Ohren gleichmäßig, aber nicht zu fest, mit Füllwatte aus und falten Sie sie an der Öffnung entsprechend der Markierung.

6. Stecken und heften Sie die Kopfteile rechts auf rechts zusammen und fügen Sie dabei die Ohren gemäß Markierung ein. Schließen Sie die Naht von der rechten zur linken Kopfseite. Wenden Sie den Kopf und stopfen Sie ihn mit Füllwatte aus.

7. Wenden Sie den Körper und stopfen Sie ihn ebenfalls mit Füllwatte aus. Heften Sie das Kopfteil an den Körper und nähen Sie beides von Hand zusammen. Dann sticken Sie die Konturen im Gesicht mit Stickgarn. Dazu die Position der Augen, Schnauze und Nase mit einem Bleistift nicht zu kräftig vorzeichnen und mit schwarzem Stickgarn ausführen.

Froschbaby

n **Material**

Baumwollstoff rot kariert,
150 x 25 cm
Fleecestoff grün, 150 x 15 cm
Samtstoffrest weiß
Stoffrest gelb geblümt
Stickgarn oder kleine Glasaugen
Haftvlies
Nähgarn weiß
Füllwatte
Schnittmusterpapier
Bleistift
Stoff- und Papierschere
Schneiderkreide
Stecknadeln
Nähnadel

n **Zuschnitt**

Körper 2 x aus Baumwollstoff
Mauloberteil 1 x aus Fleece
Maulunterteil 1 x aus Fleece
Applikation 1 x aus Baumwollstoffrest
Augen 2 x aus Fleece,
2 x aus Samt
Hände 4 x aus Fleece
Füße 4 x aus Fleece
Kopfhinterteil 1 x aus Fleece

Vorlage 4

1. Übertragen Sie alle Teile auf Schnittmusterpapier, schneiden Sie sie aus und stecken Sie die Schnitte auf den Stoff. Übertragen Sie alle Konturen und Markierungen mit Schneiderkreide auf den Stoff. Schneiden Sie die einzelnen Teile mit einer Nahtzugabe von 0,75 cm zu. Legen Sie alle zusammengehörigen Schnittteile rechts auf rechts zusammen und stecken Sie sie mit Stecknadeln aufeinander. Schließen Sie nun die Nähte von Augen, Armen und Füßen. Schneiden Sie die Nahtzugaben auf 0,5 cm zurück und wenden Sie Augen, Arme und Füße. Füllen Sie sie mit etwas Füllwatte.

2. Stecken Sie anschließend das hintere Kopfteil mit dem Mauloberteil rechts auf rechts zusammen und fügen Sie dabei die Augen an den markierten Stellen ein. Beachten Sie, dass nach dem Wenden der helle Samtstoff nach vorne zeigen muss. Legen Sie das untere Maulteil rechts auf rechts auf das obere und schließen Sie die Naht bis zum Halsausschnitt. Wenden Sie den Kopf und stopfen Sie ihn gleichmäßig mit Füllwatte aus.

3. Für die Applikation auf dem Körpervorderteil verstärken Sie einen farblich passenden Stoffrest mit Haftvlies und schneiden daraus ein längliches Herz aus. Bügeln Sie das Herz auf das Vorderteil und umstecken Sie es mit Zickzackstich.

4. Dann stecken Sie das vordere und hintere Körperteil zusammen und fügen dabei die Hände und die Füße ein. Schließen Sie die Nähte bis auf die Halsnaht und wenden Sie den Körper. Stopfen Sie den Körper gleichmäßig, aber nicht zu straff, mit Füllwatte aus. Fügen Sie den Kopf und den Körper am Halsausschnitt zusammen und schließen Sie die Naht von Hand mit Matratzenstich. Nähen Sie zwei Glasaugen mit einigen Stichen auf oder sticken Sie die Pupillen mit Stickgarn.

Tipp:
Aus diesem Babyfrosch können Sie im Handumdrehen eine Spieluhr machen: Dazu nähen Sie Vorder- und Rückseite bis auf einen Schlitz von 2 bis 3 cm im Schritt zusammen. Fädeln Sie die Aufziehschnur durch den Schlitz und stopfen Sie den Körper um die Spieluhr so gut aus, dass die Kanten nicht mehr spürbar sind. Stellen Sie den Frosch, wie oben beschrieben, fertig und verschließen Sie die Öffnung im Schritt mit ein paar Stichen von Hand. Zum Aufhängen nähen Sie eine Schlaufe aus einem Stück Baumwollkordel von Hand an den Kopf.

Terrier Hardy

▪ Material
Samt cremeweiß, 150 x 25 cm
Blümchenborte, 15 cm
Nähgarn weiß
Füllwatte
Stickgarn oder Glasaugen
Schnittmusterpapier
Bleistift
Stoff- und Papierschere
Schneiderkreide
Stecknadeln
Nähnadel

▪ Zuschnitt
Körper 2 x

Tipp:
Mit einigen Veränderungen kann Hardy Ihr Kind auch beim nächsten Schaumbad begleiten. Anstelle des Samtstoffes verwenden Sie Frotteestoff. Waschen Sie den Stoff unbedingt vor dem Zuschnitt. So vermeiden Sie, dass das Tier beim Baden einläuft und sich verzieht. Nähen Sie Hardy, wie im Anleitungstext beschrieben. Ich empfehle allerdings, die Nähte doppelt zu nähen oder nach dem Füllen den Rand zusätzlich mit Zickzackstich zu verstärken. Um Hardy „badefest" zu machen, füllen Sie den Körper mit Kunststoffgranulat.

Vorlage 5

1. Übertragen Sie zuerst alle Teile auf Schnittmusterpapier und schneiden Sie sie aus. Stecken Sie die Schnitte auf den Stoff. Übertragen Sie alle Konturen und Markierungen mit Schneiderkreide auf den Stoff und schneiden Sie die einzelnen Teile mit einer Nahtzugabe von 0,75 cm zu. Heften Sie die Blümchenborte auf den Hals am Vorder- und Rückenteil und nähen Sie sie mit Geradstich an.

2. Stecken und nähen Sie Vorder- und Rückenteil bis auf eine Öffnung zwischen den Beinen zusammen. Schneiden Sie die Nahtzugabe auf 0,5 cm zurück und schneiden Sie den Stoff an den Rundungen knappkantig bis kurz vor die Naht ein. Wenden Sie den Körper und stopfen Sie ihn leicht mit Füllwatte aus. Schließen Sie die Öffnung mit einigen Stichen von Hand. Nähen Sie beidseitig je ein Glasauge auf oder sticken Sie die Augen mit Stickgarn. Die Blümchenborte kann nach Belieben noch mit einem Glöckchen geschmückt werden, das Sie mit einigen Stichen von Hand annähen.

Kuschelbär Harry

n **Material**
geblümter Baumwollstoff
orange-weiß kariert, 150 x 25 cm
Teddyplüsch hell, 150 x 20 cm
Samtrest weiß
Volumenvlies
Pompon braun
Nähgarn weiß
Füllwatte
Stickgarn oder Glasaugen
Schnittmusterpapier
Bleistift
Stoff- und Papierschere
Schneiderkreide oder
wasserlöslicher Markierungsstift
Stecknadeln
Nähnadel

n **Zuschnitt**
Körperteil 2 x aus Baumwollstoff
Kopfhinterteil 1 x aus Plüsch
Kopfvorderteil 2 x aus Plüsch
Ohren 2 x aus Samt,
2 x aus Plüsch
Arme 4 x aus Plüsch
Füße 4 x aus Plüsch

Vorlage 6

1. Übertragen Sie alle Teile auf Schnittmusterpapier und schneiden Sie sie aus. Stecken Sie die Schnittmuster auf die Stoffe. Übertragen Sie alle Konturen und Markierungen mit Schneiderkreide oder einem wasserlöslichen Markierungsstift auf die Stoffe und schneiden Sie die einzelnen Teile mit einer Nahtzugabe von 0,75 cm aus.

2. Legen und stecken Sie alle zusammengehörigen Schnittteile rechts auf rechts zusammen. Schließen Sie nun die Nähte von Armen, Ohren und Beinen und lassen Sie eine Öffnung zum Wenden. Dann wenden Sie die Teile und stopfen Arme und Beine locker mit etwas Füllwatte aus, so dass sie sich noch gut einnähen lassen.

3. Stecken Sie anschließend die beiden Kopfvorderteile rechts auf rechts zusammen. Schließen Sie die Naht. Nähen Sie am Kopfhinterteil die beiden Abnäher, wie auf den Schnitten markiert. Dann setzen Sie das vordere und hintere Kopfteil zusammen und legen die Ohren an den markierten Stellen ein. Dabei werden die Ohren einmal zur Mitte hin gefaltet. Nähen Sie die Ohren ein, wenn Sie die Naht schließen. Beachten Sie, dass der helle Samtstoff der Ohren nach dem Wenden nach vorne zeigen soll. Wenden Sie den Kopf und stopfen Sie ihn gleichmäßig mit Füllwatte aus.

4. Legen Sie das vordere und hintere Körperteil bündig aufeinander und fügen Sie dabei die Hände und die Füße ein. Schließen Sie die Nähte bis auf die Halsnaht und wenden Sie den Körper. Stopfen Sie den Körper gleichmäßig, aber nicht zu straff, mit Füllwatte aus.

5. Fügen Sie Kopf und Körper am Halsausschnitt zusammen und schließen Sie die Naht von Hand mit dem Matratzenstich. Nähen Sie die Glasaugen ebenfalls von Hand an oder sticken Sie die Augen mit Stickgarn auf. Auch den Pompon nähen Sie mit einigen Stichen von Hand an die Nase.

Tipp:
Auch dieser Teddy bietet sich an, um eine Spieluhr einzuarbeiten. Dazu nähen Sie Vorder- und Rückseite bis auf einen Schlitz von 2 bis 3 cm im Schritt zusammen. Fädeln Sie die Aufziehschnur durch den Schlitz und stopfen Sie den Körper um die Spieluhr gut aus, so dass die Kanten nicht mehr spürbar sind. Stellen Sie Harry, wie oben beschrieben, fertig und verschließen Sie die Öffnung im Schritt mit ein paar Stichen von Hand. Zum Aufhängen nähen Sie eine Schlaufe aus einem Stück Baumwollkordel ebenfalls von Hand an den Kopf.

Crazy Chicky

n Material

langhaariges Fellimitat,
150 x 30 cm
Bastelfilz orange, 30 x 10 cm
Bastelfilzreste rot, 3 mm stark
Wackelaugen oval
Textilkleber
Nähgarn braun
Füllwatte
Stickgarn
Schnittmusterpapier
Bleistift
Stoff- und Papierschere
Schneiderkreide oder
wasserlöslicher Markierungsstift
Stecknadeln
Nähnadel

n Zuschnitt

vorderes und hinteres
Körperteil 4 x aus Fell
Bodenteil 1 x aus Fell
Flügel 4 x aus Fell
Kopfteil 2 x aus Fell
Hahnenkamm 1 x aus rotem Filz
Schnabel 2 x aus
orangefarbenem Filz
Füße 4 x aus
orangefarbenem Filz
Kehllappen 1 x aus rotem Filz

Vorlage 7

1. Übertragen Sie die Schnittteile auf Schnittmusterpapier und schneiden Sie sie aus. Stecken Sie die Schnitte auf den Stoff und übertragen Sie alle Konturen und Markierungen mit Schneiderkreide oder wasserlöslichem Markierungsstift auf den Stoff. Schneiden Sie alle Teile bis auf den Hahnenkamm und den Kehllappen mit einer Nahtzugabe von 0,75 cm aus.

2. Nähen Sie zuerst je zwei Flügel rechts auf rechts zusammen und lassen Sie dabei eine Öffnung zum Wenden. Schneiden Sie die Nahtzugabe auf 0,5 cm zurück und wenden Sie die Flügel. Anschließend stecken Sie die vorderen und hinteren Körperteile zusammen. Heften Sie dabei die Flügel an den markierten Stellen mit ein. Schließen Sie die seitlichen Nähte.

3. Für die Füße heften Sie je zwei Filzteile bündig aufeinander und nähen mit der Maschine entlang der Nahtlinie. Schneiden Sie die Nahtzugabe auf 0,5 cm zurück und schneiden Sie den Stoff an den Rundungen bis kurz vor die Naht ein. Wenden Sie die Füße.

4. Dann stecken Sie das Bodenteil an die untere Öffnung des Körpers und fügen die Füße an den Markierungen ein. Schließen Sie die Naht entlang der Bodenöffnung und wenden Sie den Körper auf rechts.

5. Legen Sie die beiden Schnabelteile aus Filz bündig aufeinander. Stecken Sie die Teile zusammen. Schließen Sie die Schnabelnaht bis auf die Schmalseite. Schneiden Sie die Nahtzugabe auf 0,5 cm zurück und schneiden Sie den Stoff an der Rundung bis kurz vor die Naht ein. Wenden Sie den Schnabel und dämpfen Sie die Naht mit dem Bügeleisen.

6. Stecken und heften Sie die Kopfteile rechts auf rechts zusammen und fügen Sie dabei den Kamm, den Kehllappen sowie den Schnabel gemäß den Markierungen ein. Schließen Sie die Naht von der hinteren bis zur vorderen Halsöffnung. Wenden Sie den Kopf und stopfen Sie ihn mit Füllwatte aus.

7. Dann stopfen Sie den Körper mit Füllwatte aus. Heften Sie das Kopfteil entsprechend der Markierung an den Körper und schließen Sie die Naht an der Vorderseite. Die verbleibende Öffnung auf der Rückseite von Hand verschließen.

8. Zum Schluss kleben Sie die Wackelaugen mit Textilkleber auf. Wenn Sie Glasaugen verwenden, nähen Sie diese mit wenigen Stichen von Hand am Kopf an.

Tante Käthe

n Material

helles Plüschfell, 150 x 30 cm
mittelgroßer Pompon
dunkelbraun
Nähgarn weiß
Füllwatte
Stickgarn oder Glasaugen
Schnittmusterpapier
Bleistift
Stoff- und Papierschere
Schneiderkreide oder
wasserlöslicher Markierungsstift
Stecknadeln
Nähnadel

n Zuschnitt

Körper 4 x
Arme 4 x
Kopfseitenteil 2 x
Kopfmittelteil 1 x
Ohren 4 x

Tipp:
Tante Käthe sieht besonders schick aus, wenn Sie ihr einen gehäkelten Hut aufsetzen, der mit Margeriten geschmückt ist.

Vorlage 8

1. Übertragen Sie die Schnittteile mit Schnittmusterpapier und schneiden Sie sie aus. Stecken Sie die Schnitte mit Stecknadeln auf den Stoff. Übertragen Sie alle Konturen und Markierungen mit Schneiderkreide oder wasserlöslichem Markierungsstift auf den Stoff. Schneiden Sie alle Teile aus und berücksichtigen Sie dabei eine Nahtzugabe von 0,75 cm.

2. Nähen Sie zuerst die vier Körperteile zusammen, indem Sie je zwei Teile rechts auf rechts legen. Schließen Sie die Nähte bis auf die Halsnaht. Wenden Sie den Körper. Für die Arme heften Sie ebenfalls je zwei Teile bündig aufeinander und nähen entlang der Nahtlinie. Schneiden Sie die Nahtzugabe auf 0,5 cm zurück und schneiden Sie anschließend den Stoff an den Rundungen knappkantig bis kurz vor die Naht ein. Wenden Sie die Arme und füllen Sie sie mit etwas Füllwatte aus. Die Arme sollten nur leicht wattiert werden.

3. Dann stecken Sie je zwei Teile für die Ohren rechts auf rechts zusammen. Schließen Sie die Nähte bis auf die untere Naht. Schneiden Sie die Nahtzugabe auf 0,5 cm zurück und wenden Sie die Ohren. Stopfen Sie sie locker mit etwas Füllwatte aus, so dass sie noch problemlos in das Kopfteil eingenäht werden können. Legen Sie die Ohren in die vorgesehenen Einschnitte und schließen Sie dann die Nähte am rechten und linken Kopfteil.

4. Heften Sie das mittlere Kopfteil gemäß den Markierungen rechts auf rechts mit den seitlichen Kopfteilen zusammen. Nähen Sie die seitlichen Nähte von der Nasenspitze bis zur hinteren Halsöffnung. Anschließend schließen Sie die Öffnung von der Nase bis zur vorderen Halsöffnung. Wenden Sie den Kopf.

5. Bevor Sie den Kopf mit dem Körper verbinden, stopfen Sie den Körper nur ganz leicht mit Füllwatte aus. Den Kopf stopfen Sie fest und gleichmäßig mit Füllwatte aus. Legen Sie die Nahtzugabe von Kopf und Körper nach innen um und nähen Sie beide Teile von Hand mit Matratzenstich zusammen. Dabei werden die Arme mit eingenäht.

6. Zuletzt nähen Sie einen Pompon als Nase und zwei Glasaugen an. Alternativ können Sie die Konturen im Gesicht natürlich auch sticken.

Fisch Flossy

Fisch Flossy

n **Material**
3 gemusterte Baumwollstoffe,
je 150 x 15 cm
Nähgarn weiß
Füllwatte
Stickgarn oder Glasaugen
Schnittmusterpapier
Bleistift
Stoff- und Papierschere
Schneiderkreide
Stecknadeln
Nähnadel

n **Zuschnitt**
Körper 2 x
Kopf 2 x
Flosse 4 x
Rückenflosse 2 x

Vorlage 9

1. Übertragen Sie zuerst alle Teile auf Schnittmusterpapier und schneiden Sie sie aus. Stecken Sie die Schnitte auf den Stoff. Übertragen Sie alle Konturen und Markierungen mit Schneiderkreide auf den Stoff und schneiden Sie die einzelnen Teile mit einer Nahtzugabe von 0,75 cm zu. Schneiden Sie gemäß den Markierungen Schlitze für die Abnäher in die Seitenteile.

2. Nähen Sie nun die Kopf- und Körperteile zusammen und stellen Sie anschließend die Seitenflossen her. Dazu die Stoffteile rechts auf rechts zusammenlegen und bis auf die obere Öffnung zusammennähen. Wenden Sie die Flossen und stopfen Sie sie leicht mit Füllwatte aus.

3. Nähen Sie die Abnäher unter Einfügung der Seitenflossen an den Körperseiten. Dann fügen Sie die beiden Teile für die Rückenflosse rechts auf rechts zusammen und lassen dabei eine Öffnung zum Wenden. Wenden Sie die Flosse und stopfen Sie sie leicht mit Füllwatte aus.

4. Nun stecken Sie beide Körperteile rechts auf rechts aufeinander und legen die Rückenflosse an den Markierungen ein. Nähen Sie die Körperteile bis auf eine kleine Öffnung am Bauch zusammen. Wenden Sie den Fisch und stopfen Sie ihn gleichmäßig mit Füllwatte aus. Schließen Sie die Öffnung mit einigen Stichen von Hand. Nähen Sie beidseitig je ein Glasauge auf oder sticken Sie die Augen mit Stickgarn.

Knuddelhund Angelheart

n Material
langhaariges Fellimitat
hellbraun, 150 x 20 cm
Samt cremeweiß, 150 x 20 cm
Futterstoffreste hellbraun
Pompon braun
Haftvlies
Nähgarn weiß
Füllwatte
Stickgarn oder Glasaugen
Schnittmusterpapier
Bleistift
Stoff- und Papierschere
Schneiderkreide oder
wasserlöslicher Markierungsstift
Stecknadel
Nähnadel

n Zuschnitt
Körperteil 2 x aus Fellimitat
Arme 4 x aus Samt
Beine 4 x aus Samt
vorderes Kopfteil 2 x aus Samt
hinteres Kopfteil 2 x aus Samt
Ohren 2 x aus Samt,
2 x aus Futterstoff

Vorlage 10

1. Übertragen Sie zuerst alle Teile auf Schnittmusterpapier und schneiden Sie sie aus. Stecken Sie die Schnitte mit Stecknadeln auf den Stoff. Übertragen Sie alle Konturen und Markierungen mit Schneiderkreide oder wasserlöslichem Markierungsstift auf den Stoff. Schneiden Sie die einzelnen Teile mit einer Nahtzugabe von 0,75 cm zu.

2. Für die Füße heften Sie je zwei Samtteile bündig aufeinander und nähen mit der Maschine an den Längsseiten und der Sohle entlang. Schneiden Sie die Nahtzugabe auf 0,5 cm zurück und schneiden Sie den Stoff an den Rundungen knappkantig bis kurz vor die Naht ein. Wenden Sie die Füße und dämpfen Sie die Nähte mit dem Bügeleisen. Verfahren Sie bei den Armen genauso. Stopfen Sie Arme und Beine locker mit etwas Füllwatte aus, so dass sie sich noch gut einnähen lassen.

3. Dann stecken Sie je ein Teil aus Futterstoff und ein Teil aus Samt für die Ohren rechts auf rechts zusammen. Schließen Sie die Nähte bis auf die untere Naht. Schneiden Sie die Nahtzugabe auf 0,5 cm zurück und wenden Sie die Ohren.

4. Stecken Sie anschließend die beiden vorderen Kopfteile rechts auf rechts zusammen. Schließen Sie die Naht. Setzen Sie das vordere und hintere Kopfteil zusammen und legen Sie die Ohren an den Seiten ein. Dabei werden die Ohren einmal zur Mitte hin gefaltet. Nähen Sie die Ohren ein, wenn Sie die Naht schließen. Beachten Sie, dass der Futterstoff nach dem Wenden nach vorne zeigen soll. Wenden Sie den Kopf und stopfen Sie ihn gleichmäßig mit Füllwatte aus.

5. Stecken Sie das vordere und hintere Körperteil bündig zusammen und fügen Sie Hände und Füße ein. Schließen Sie die Nähte bis auf die Halsnaht und wenden Sie den Körper auf rechts. Stopfen Sie den Körper gleichmäßig, aber nicht zu straff, mit Füllwatte aus. Fügen Sie Kopf und Körper am Halsausschnitt zusammen und schließen Sie die Naht von Hand mit Matratzenstich.

6. Nähen Sie den Pompon mit einigen Stichen von Hand an die Nasenspitze. Nähen Sie außerdem zwei Glasaugen von Hand an oder sticken Sie die Augen mit Stickgarn.

Tipp:
Ein zum Dreieckstuch gelegter, rosafarbener Stoffrest schmückt den Hals des Knuddelhunds.

Spitzmaus Dolores

n **Material**

Teddyplüsch grau, 150 x 25 cm
Samt grau, 150 x 20 cm
Bastelfilz rosa, 30 x 10 cm
Pompon rosa
Nähgarn
Füllwatte
Stickgarn oder Wackelaugen oval
Textilkleber
Schnittmusterpapier
Bleistift
Stoff- und Papierschere
Schneiderkreide
Stecknadeln
Nähnadel

n **Zuschnitt**

vorderes Körperteil 1 x aus Fell
hinteres Körperteil 2 x aus Fell
Bodenteil 1 x aus Fell
Beine 4 x aus Fell
Sohle 2 x aus Filz
Arme 4 x aus Fell
vorderes Kopfteil 2 x aus Samt
hinteres Kopfteil 2 x aus Fell
Ohren 2 x aus Fell, 2 x aus Samt

Tipp:
Sie haben auch die Möglichkeit, eine Brummstimme in den Mäusekörper einzulegen. Stopfen Sie den Körper um die Stimme so gut aus, dass die Kanten nicht mehr spürbar sind.

Vorlage 11

1. Übertragen Sie zuerst alle Teile auf Schnittmusterpapier und schneiden Sie sie aus. Stecken Sie die Schnitte mit Stecknadeln auf den Stoff.
Übertragen Sie alle Konturen und Markierungen mit Schneiderkreide auf den Stoff. Schneiden Sie die einzelnen Teile mit einer Nahtzugabe von 0,75 cm zu.

2. Für die Beine heften Sie je zwei Fellteile bündig aufeinander und nähen mit der Maschine an den Längsseiten entlang. Schneiden Sie die Nahtzugabe auf 0,5 cm zurück und schneiden Sie den Stoff an den Rundungen knappkantig bis kurz vor die Naht ein. Dann nähen Sie das Sohlenteil ein. Wenden Sie die Beine und dämpfen Sie die Nähte mit dem Bügeleisen. Die Arme nähen Sie wie die Beine, allerdings ohne Sohle. Stopfen Sie Arme und Beine locker mit etwas Füllwatte aus, so dass sie sich noch gut in den Körper einnähen lassen.

3. Dann stecken Sie je ein Teil aus Fell und ein Teil aus Samt für die Ohren rechts auf rechts zusammen. Schließen Sie die Nähte bis auf die untere Naht. Schneiden Sie die Nahtzugabe auf 0,5 cm zurück und wenden Sie die Ohren.

4. Stecken Sie anschließend die beiden vorderen Kopfteile rechts auf rechts zusammen. Schließen Sie die Naht. Dann das vordere und das hintere Kopfteil zusammensetzen und die Ohren an den markierten Stellen einlegen. Dabei werden die Ohren einmal zur Mitte hin gefaltet. Nähen Sie die Ohren ein, wenn Sie die Naht schließen. Beachten Sie, dass der Samtstoff nach dem Wenden nach vorne zeigen soll. Wenden Sie den Kopf und stopfen Sie ihn gleichmäßig mit Füllwatte aus.

5. Stecken Sie das vordere und hintere Körperteil bündig zusammen und fügen Sie dabei die Arme ein. Schließen Sie die seitlichen Nähte. Dann stecken Sie das Bodenteil an die untere Öffnung des Körpers und fügen dabei die Beine ein. Schließen Sie die Naht entlang der Bodenöffnung und wenden Sie den Körper auf rechts. Stopfen Sie den Körper gleichmäßig, aber nicht zu straff, mit Füllwatte aus.

6. Fügen Sie Kopf und Körper am Halsausschnitt zusammen und schließen Sie die Naht von Hand mit Matratzenstich. Kleben Sie die Wackelaugen mit Textilkleber auf oder sticken Sie die Augen mit Stickgarn. Nähen Sie den Pompon mit einigen Stichen von Hand als Nase an.

Elefant Bobo

n **Material**
Samtstoff hellgrau, 150 x 20 cm
Stoffrest gestreift
Nähgarn weiß
Füllwatte
Stickgarn oder Glasaugen
Schnittmusterpapier
Bleistift
Stoff- und Papierschere
Schneiderkreide
Stecknadeln
Nähnadel

n **Zuschnitt**
Körper 2 x aus Samt
Satteldecken 2 x aus gestreiftem Stoff
Ohren 4 x aus Samt

Vorlage 12

1. Übertragen Sie zuerst alle Teile auf Schnittmusterpapier und schneiden Sie sie aus. Stecken Sie die Schnitte auf den Stoff. Übertragen Sie alle Konturen und Markierungen mit Schneiderkreide auf den Stoff und schneiden Sie die einzelnen Teile mit einer Nahtzugabe von 0,75 cm zu. Die Satteldecke schneiden Sie ohne Nahtzugabe zu.

2. Heften Sie die Satteldecke mit Heftgarn auf Vorder- und Rückseite des Elefanten und umstcken Sie die äußere Kontur an den seitlichen und der unteren Kante mit engem Zickzackstich.

3. Dann legen Sie die Ohren rechts auf rechts aufeinander und nähen sie zusammen. Belassen Sie dabei eine Öffnung zum Wenden. Schneiden Sie die Nahtzugabe auf 0,5 cm zurück und wenden Sie die Ohren.

4. Nun stecken Sie beide Körperteile rechts auf rechts aufeinander. Fügen Sie dabei die Ohren vor der Satteldecke am Rücken ein. Nähen Sie die Teile bis auf eine kleine Öffnung zwischen den Beinen zusammen. Schneiden Sie die Nahtzugabe auf 0,5 cm zurück und schneiden Sie den Stoff an den Rundungen knappkantig bis kurz vor die Naht ein. Wenden Sie den Körper und stopfen Sie ihn leicht mit Füllwatte aus. Schließen Sie die Öffnung mit einigen Stichen von Hand. Nähen Sie beidseitig je ein Glasauge auf oder sticken Sie die Augen mit Stickgarn.

Kuschelente Plietschi

n **Material**

Frotteestoff creme, 150 x 15 cm
Frotteestoff gelb, 150 x 10 cm
Nähgarn weiß
Füllwatte
Stickgarn oder Glasaugen
Schnittmusterpapier
Bleistift
Stoff- und Papierschere
Schneiderkreide oder
wasserlöslicher Markierungsstift
Stecknadeln
Nähnadel

n **Zuschnitt**

Schnabel 2 x
Körper 2 x
Füße 4 x

Vorlage 13

1. Übertragen Sie zuerst alle Teile auf Schnittmusterpapier und schneiden Sie sie aus. Stecken Sie die Schnitte auf den Stoff. Übertragen Sie alle Konturen und Markierungen mit Schneiderkreide auf den Stoff und schneiden Sie die einzelnen Teile mit einer Nahtzugabe von 0,75 cm zu.

2. Stecken und heften Sie zunächst je ein Schnabelteil an Vorder- und Rückenteil an. Schließen Sie die Naht. Stecken Sie die Füße rechts auf rechts aufeinander. Nähen Sie die Füße zusammen und lassen Sie oben eine Öffnung zum Wenden. Schneiden Sie die Nahtzugabe auf 0,5 cm zurück und schneiden Sie den Stoff an den Rundungen bis kurz vor die Naht ein. Wenden Sie die Füße und stopfen Sie sie leicht mit Füllwatte aus.

3. Nun stecken Sie beide Körperteile rechts auf rechts aufeinander. Fügen Sie dabei die Füße an den Markierungen versetzt ein. Nähen Sie die Körperteile bis auf eine kleine Öffnung am Rücken zusammen. Schneiden Sie die Nahtzugabe auf 0,5 cm zurück und schneiden Sie den Stoff an den Rundungen bis kurz vor die Naht ein. Wenden Sie den Körper und stopfen Sie ihn leicht mit Füllwatte aus. Schließen Sie die Öffnung mit einigen Stichen von Hand. Nähen Sie beidseitig je ein Glasauge auf oder sticken Sie die Augen mit Stickgarn. Binden Sie Plietschi aus einem Stoffrest ein Dreieckstuch um den Hals.

Tipp:
Wenn Sie Plietschi mit Kunststoffgranulat füllen und die Nähte doppelt sichern, wird die Kuschelente zur Badeente. Außerdem können Sie aus diesem Modell besonders gut ein Maxi-Kuscheltier herstellen: Vergrößern Sie dazu die Schnitte im Copy-Shop auf die gewünschte Größe. Um die erforderliche Stoffmenge zu ermitteln, legen Sie die Schnitte zuerst probeweise auf einer geraden Unterlage aus und messen die Fläche mit einem Maßband. Bei der Herstellung der Maxi-Ente gehen Sie vor, wie in der Anleitung beschrieben. Wählen Sie größere Glasaugen oder sticken Sie die Augen entsprechend größer.

Huhn Daisy

Vorlage 14

n Material
Baumwollstoff rot kariert,
150 x 25 cm
Baumwollstoff pink-flieder,
150 x 15 cm gepunktet
Bastelfilz orange, gelb,
hellgelb, pink, je 45 x 10 cm
Volumenvlies
Nähgarn weiß
Füllwatte
Stickgarn oder Glasperlen
Schnittmusterpapier
Bleistift
Stoff- und Papierschere
Schneiderkreide
Stecknadeln
Nähnadel

n Zuschnitt
Körper 2 x aus kariertem
Baumwollstoff
Flügel 4 x aus gepunktetem
Baumwollstoff,
4 x aus Volumenvlies
Schnabel 2 x aus hellgelbem Filz
Kopf 2 x aus pinkfarbenem Filz
Hahnenkamm 1 x aus
orangefarbenem Filz
Füße 4 x aus gelbem Filz
Boden 1 x aus
orangefarbenem Filz

Orientieren Sie sich auch am Lehrgang auf den Seiten 13 bis 15.

1. Übertragen Sie zuerst alle Teile auf Schnittmusterpapier und schneiden Sie sie aus. Stecken Sie die Schnitte mit Stecknadeln auf den Stoff. Übertragen Sie alle Konturen und Markierungen mit Schneiderkreide oder wasserlöslichem Markierungsstift auf den Stoff. Schneiden Sie die einzelnen Teile mit einer Nahtzugabe von 0,75 cm zu.

2. Verstärken Sie zuerst die Flügel von links mit Volumenvlies, das Sie mit dem Bügeleisen fixieren. Achten Sie dabei auf die empfohlene Temperatureinstellung. Nähen Sie die Flügelteile rechts auf rechts zusammen. Schneiden Sie die Nahtzugabe, insbesondere an den Rundungen, auf 0,5 cm zurück und schneiden Sie den Stoff an den Rundungen bis kurz vor die Naht ein. Wenden Sie die Teile und dämpfen Sie die Nähte mit dem Bügeleisen.

3. Dann nähen Sie den Hühnerkopf. Stecken und heften Sie die seitlichen Kopfteile zusammen. Legen Sie dabei den Hahnenkamm an der markierten Stelle mit ein. Schließen Sie die Nähte bis auf die Halsnaht.

4. Legen Sie die beiden Schnabelteile aus Filz bündig aufeinander. Stecken und heften Sie die Teile zusammen. Schließen Sie die Schnabelnaht bis auf die Schmalseite. Schneiden Sie die Nahtzugabe auf 0,5 cm zurück und schneiden Sie den Stoff an der Rundung bis kurz vor die Naht ein. Wenden Sie den Schnabel und dämpfen Sie die Naht mit dem Bügeleisen. Nähen Sie den Schnabel an das Kopfteil. Wenden Sie den Kopf.

5. Nähen Sie die beiden Körperteile an den Längsseiten rechts auf rechts zusammen und bügeln Sie die Nähte. Stecken Sie Kopf und Körper zusammen und heften Sie dabei die Flügel an den markierten Stellen ein. Schließen Sie die Naht. Zum Schluss das Bodenteil einnähen und dabei die Füße an den Markierungen einarbeiten. Eine Öffnung zum Wenden lassen.

6. Wenden Sie das Huhn und stopfen Sie den Körper fest und gleichmäßig mit Füllwatte aus. Schließen Sie die restliche Öffnung von Hand mit einigen Stichen. Nähen Sie als Augen zwei Glasperlen an oder sticken Sie die Augen mit Stickgarn.

Nilpferd Hippo

n Material

Plüsch hellgrau, 150 x 30 cm
Bastelfilz weiß, 30 x 10 cm
Nähgarn weiß
Füllwatte
Stickgarn oder Glasaugen
Schnittmusterpapier
Bleistift
Stoff- und Papierschere
Schneiderkreide
Stecknadeln
Nähnadel

n Zuschnitt

vorderes Körperteil 2 x aus Plüsch
hinteres Körperteil 2 x aus Plüsch
Beine 4 x aus Plüsch
Sohlen 2 x aus Filz
hinteres Armteil 2 x aus Plüsch
vorderes Armteil 2 x aus Plüsch
Pfoten 2 x aus Filz
Ohren 2 x aus Plüsch,
2 x aus Filz
obere Schnauze 1 x aus Plüsch
untere Schnauze 1 x aus Plüsch
hinteres seitliches Kopfteil
2 x aus Plüsch
vorderes seitliches Kopfteil
2 x aus Plüsch

Vorlage 15

1. Übertragen Sie zuerst alle Teile auf Schnittmusterpapier und schneiden Sie sie aus. Stecken Sie die Schnitte mit Stecknadeln auf den Stoff. Übertragen Sie alle Konturen und Markierungen mit Schneiderkreide auf den Stoff. Schneiden Sie die einzelnen Teile mit einer Nahtzugabe von 0,75 cm zu.

2. Nähen Sie zuerst die Ohren zusammen, indem Sie je ein Plüsch- und ein Filzteil rechts auf rechts zusammenheften. Schließen Sie die Nähte bis auf die untere Naht. Schneiden Sie die Nahtzugabe auf 0,5 cm zurück und wenden Sie die Ohren.

3. Nun stecken und heften Sie die Kopfteile zusammen. Legen Sie die Ohren an den markierten Stellen ein und schließen Sie die Nähte. Die Ohren werden dabei einmal gemäß Foto gefaltet. Schneiden Sie die Nahtzugabe auf 0,5 cm zurück und schneiden Sie den Stoff an den Rundungen bis kurz vor die Naht ein. Wenden Sie den Kopf und stopfen Sie ihn gleichmäßig, aber nicht zu fest, mit Füllwatte aus.

4. Stecken und heften Sie je zwei Beinteile rechts auf rechts zusammen und schließen Sie die seitlichen Nähte. Schneiden Sie die Nahtzugabe auf 0,5 cm zurück. Nähen Sie die Sohlen aus weißem Bastelfilz über die untere Öffnung, wenden Sie die Beine und stopfen Sie sie mit Füllwatte aus.

5. Für die Arme stecken und heften Sie zuerst die vorderen Armteile, bestehend aus einer Filzpfote und einem oberen Armteil aus Plüsch, zusammen. Schließen Sie die Nähte. Dann stecken Sie vorderes und rückwärtiges Armteil rechts auf rechts zusammen und schließen die Nähte bis auf die obere Naht. Schneiden Sie die Nahtzugabe auf 0,5 cm zurück und schneiden Sie den Stoff an den Rundungen bis kurz vor die Naht ein. Wenden Sie die Arme und füllen Sie sie gleichmäßig mit Füllwatte.

6. Stecken Sie die Körperhälften rechts auf rechts zusammen und legen Sie Arme und Beine an den vorgegebenen Markierungen ein. Schließen Sie die Nähte beidseitig bis auf die Halsöffnung. Dann wenden Sie den Körper. Stopfen Sie ihn gleichmäßig, aber nicht zu fest, mit Füllwatte aus. Stecken Sie Kopf und Körper zusammen und verschließen Sie die Naht von Hand mit Matratzenstich. Sticken Sie die Augen entweder mit Stickgarn auf oder nähen Sie dem Nilpferd Glasaugen an.

Kuschelkissen Antonia

n **Material**
Baumwollstoff hellblau kariert,
150 x 30 cm
Teddyplüsch hell, 150 x 15 cm
Baumwollstoffrest rosa
Haftvlies
Nähgarn weiß
Füllwatte
Stickgarn oder Wackelaugen oval
Textilkleber
Schnittmusterpapier
Bleistift
Stoff- und Papierschere
Schneiderkreide oder
wasserlöslicher Markierungsstift
Stecknadeln
Nähnadel

n **Zuschnitt**
Körper 2 x aus Baumwollstoff
Kopf 2 x aus Teddyplüsch
Ohren 4 x aus Teddyplüsch
Beine 8 x aus Teddyplüsch
Herzapplikation 1 x aus
Baumwollstoffrest

Vorlage 16

1. Übertragen Sie zuerst alle Teile auf Schnittmusterpapier und schneiden Sie sie aus. Stecken Sie die Schnitte mit Stecknadeln auf den Stoff. Übertragen Sie alle Konturen und Markierungen mit Schneiderkreide oder wasserlöslichem Markierungsstift auf den Stoff. Schneiden Sie die einzelnen Teile mit einer Nahtzugabe von 0,75 cm zu.

2. Nähen Sie zuerst die Ohren zusammen, indem Sie je zwei Fellteile rechts auf rechts zusammenheften. Schließen Sie die Nähte bis auf die untere Naht. Schneiden Sie die Nahtzugabe auf 0,5 cm zurück und wenden Sie die Ohren.

3. Nun stecken und heften Sie die Kopfteile zusammen. Legen Sie die Ohren an den markierten Stellen ein und schließen Sie die Nähte. Schneiden Sie die Nahtzugabe auf 0,5 cm zurück und schneiden Sie den Stoff an den Rundungen bis kurz vor die Naht ein. Wenden Sie den Kopf und stopfen Sie ihn gleichmäßig, aber nicht zu fest, mit Füllwatte aus.

4. Jetzt nähen Sie die Beine. Dazu je zwei Beinteile rechts auf rechts zusammenheften und die Nähte bis auf die obere Naht schließen. Schneiden Sie die Nahtzugabe auf 0,5 cm zurück und schneiden Sie den Stoff an den Rundungen bis kurz vor die Naht ein. Wenden Sie die Beine und stopfen Sie sie mit etwas Füllwatte aus.

5. Für die Applikation verstärken Sie zunächst einen farblich passenden Stoffrest mit Haftvlies und schneiden daraus das Herz aus. Bügeln Sie das Herz, wie auf dem Foto gezeigt, auf die Vorderseite und umnähen Sie es mit Zickzackstich.

6. Stecken Sie die Körperhälften rechts auf rechts zusammen und legen Sie Kopf und Beine an den vorgegebenen Markierungen ein. Schließen Sie die Nähte beidseitig bis auf eine schmale Öffnung am Rücken. Dann wenden Sie den Körper. Stopfen Sie ihn gleichmäßig, aber nicht zu fest, mit Füllwatte aus. Verschließen Sie die restliche Naht von Hand. Zuletzt werden die Augen aufgeklebt oder mit Stickgarn aufgestickt.

Tipp:
Das Kuschelkissen kann auch zur Wärmflaschenhülle werden. Dazu teilen Sie das rückwärtige Körperteil mittig und arbeiten entweder einen Reißverschluss oder drei Knöpfe ein. Verstärken Sie die Körperinnenseiten zusätzlich mit Volumenvlies.

Kuschelkissen Antonia

Filzteddys Fiete & Henry

n Material
Bastelfilz rosa, hellblau,
je 45 x 30 cm
Bastelfilzreste gelb, rot, flieder
Haftvlies
Nähgarn
Füllwatte
Stickgarn
Schnittmusterpapier
Bleistift
Stoff- und Papierschere
Schneiderkreide
Stecknadeln
Nähnadel
Sticknadel

n Zuschnitt
Vorder- und Rückenteil je 1 x
Herzapplikation je 2 x
Schal je 1 x, 2 cm breit,
ca. 18 cm lang

Vorlage 17

1. Übertragen Sie das Schnittteil auf Schnittmusterpapier und schneiden Sie es aus. Bügeln Sie den Filz vor der Verarbeitung. Stecken Sie das Schnittteil mit Stecknadeln auf den Filz und schneiden Sie es mit einer Nahtzugabe von 0,75 cm aus.

2. Schneiden Sie aus farblich passenden Filzresten zunächst die Herzapplikation aus. Heften Sie diese mittig auf Vorder- und Rückseite des Teddys und umsticken Sie die Kontur mit Zickzackstich. Stecken Sie Vorder- und Rückenteil rechts auf rechts zusammen und schließen Sie die Naht entlang der Nahtkante bis auf eine kleine Öffnung zum Füllen. Stopfen Sie den Teddy mit Füllwatte aus und schließen Sie die Öffnung. Schneiden Sie die Nahtzugabe auf 0,5 cm zurück und umsticken Sie die Kontur mit dem Zickzackstich.

3. Für den Schal schneiden Sie aus einem Filzrest einen 2 x 18 cm langen Streifen zu und schneiden die Enden fransig ein. Binden Sie den Schal um den Hals des Teddys. Die Konturen im Gesicht wie Augen, Nase und Mund werden mit Stickgarn gestickt. Zeichnen Sie dazu die Konturen mit einem weichen Bleistift vor.

Tipp:
Auch diese beiden Filzteddys können am Badevergnügen Ihres Kindes teilhaben, wenn Sie sie aus Frottee nähen, mit Kunststoffgranulat füllen und die Nähte doppelt sichern. Außerdem können Sie Fiete und Henry zu Riesenteddys umgestalten. Vergrößern Sie dazu die Schnitte im Copy-Shop auf die gewünschte Größe. Um die erforderliche Stoffmenge zu ermitteln, legen Sie die Schnitte zuerst probeweise auf einer geraden Unterlage aus und messen die Fläche mit einem Maßband. Gehen Sie ansonsten genauso vor, wie in der Anleitung beschrieben. Die Konturen für Augen, Nase und Mund zeichnen Sie mit einem weichen Bleistift entsprechend größer vor und sticken sie anschließend mit schwarzem Stickgarn.

Nuckelteddy Sammy

Vorlage 18

n **Material**
Baumwollstoff rot-weiß kariert, 150 x 30 cm
Frotteestoff beige, 150 x 15 cm
Haftvlies
Nähgarn weiß
Füllwatte
Stickgarn oder Glasaugen
Kunststoffnase für Bären
Schnittmusterpapier
Bleistift
Stoff- und Papierschere
Schneiderkreide oder wasserlöslicher Markierungsstift
Stecknadeln
Nähnadel

n **Zuschnitt**
Vorder- und Rückenteil 2 x aus Karostoff, 2 x aus Volumenvlies
Hände 4 x aus Frottee
Beine 4 x aus Frottee
Ohren 4 x aus Frottee
Kopfseitenteile 2 x aus Frottee
Kopfmittelteil 1 x aus Frottee

1. Übertragen Sie die Vorlagen für die Schnittteile auf Schnittmusterpapier und schneiden Sie die Schnitte aus. Waschen und bügeln Sie die Stoffe vor der Verarbeitung. Stecken Sie die Schnitte mit Stecknadeln auf die Stoffe. Übertragen Sie alle Konturen und Markierungen mit Schneiderkreide oder wasserlöslichem Markierungsstift auf die Stoffe. Verstärken Sie den Karostoff für Vorder- und Rückenteil mit Volumenvlies, das Sie auf der linken Seite aufbügeln. Beachten Sie dabei die empfohlene Temperatureinstellung. Schneiden Sie die einzelnen Teile mit einer Nahtzugabe von 0,75 cm aus.

2. Dann nähen Sie die Hände und Beine aus Frottee. Dazu die Stoffteile rechts auf rechts zusammenheften und die Nähte bis auf die obere Naht schließen. Schneiden Sie die Nahtzugabe auf 0,5 cm zurück und schneiden Sie den Stoff an den Rundungen bis kurz vor die Naht ein. Wenden Sie die Hände und Beine und dämpfen Sie die Nähte mit dem Bügeleisen.

3. Stecken und heften Sie die vordere und hintere Körperhälfte zusammen und fügen Sie dabei Hände und Beine an den markierten Stellen ein. Schließen Sie die Nähte bis auf die obere Halsnaht und wenden Sie den Körper auf rechts.

4. Für die Ohren stecken Sie je zwei Teile aus Frottee rechts auf rechts zusammen. Schließen Sie die Nähte bis auf die untere Naht. Schneiden Sie die Nahtzugabe etwas zurück und wenden Sie die Ohren.

5. Nun stecken und heften Sie die Kopfteile rechts auf rechts zusammen und fügen dabei die Ohren an den markierten Stellen ein. Schließen Sie zuerst die Nähte von der Nasenspitze zur hinteren Halsöffnung, dann die Naht von der Nasenspitze zur vorderen Halsöffnung. Wenden Sie den Kopf und stopfen Sie ihn gleichmäßig mit Füllwatte aus.

6. Fügen Sie Kopf und Körper am Halsausschnitt zusammen und schließen Sie die Naht mit Matratzenstich. Zum Schluss nähen Sie die Kunststoffnase und die Glasaugen von Hand an oder sticken die Augen mit Stickgarn. Mit einem zum Dreieckstuch gelegten Stoffrest können Sie den Hals dekorieren.

Puh, das Langohrschaf

n **Material**

Samtstoff hellgrau, 150 x 20 cm
heller Teddyplüsch, 150 x 30 cm
Nähgarn weiß
Füllwatte
Stickgarn oder Glasaugen
Schnittmusterpapier
Bleistift
Stoff- und Papierschere
Schneiderkreide oder
wasserlöslicher Markierungsstift
Stecknadeln
Nähnadel

n **Zuschnitt**

Körperteile 4 x aus Plüsch
Arme 4 x aus Plüsch
Hände 4 x aus Samt
Beine 4 x aus Samt
Schal 2 x aus Plüsch
Ohren 2 x aus Samt,
2 x aus Plüsch
vorderes Kopfteil 2 x aus Samt
hinteres Kopfteil 2 x aus Plüsch
Bodenteil 1 x aus Plüsch

Vorlage 19

1. Übertragen Sie alle Schnittteile auf Schnittmusterpapier und schneiden Sie sie aus. Stecken Sie die Schnitte auf den Stoff. Übertragen Sie alle Konturen und Markierungen mit Schneiderkreide auf die Stoffe. Schneiden Sie die einzelnen Teile mit einer Nahtzugabe von 0,75 cm zu.

2. Stecken Sie zwei Teile für die Hände rechts auf rechts zusammen und schließen Sie die Nähte bis auf die obere Naht. Stecken Sie auch die Armteile rechts auf rechts zusammen und schließen Sie die Seitennähte. Schneiden Sie die Nahtzugabe auf 0,5 cm zurück und wenden Sie die Hände. Füllen Sie die Hände gleichmäßig mit Füllwatte. Legen Sie die Hände in die Arme ein und schließen Sie die Naht. Wenden Sie die Arme.

3. Für die Ohren stecken Sie jeweils ein Stoffteil aus Samt und eines aus Plüsch rechts auf rechts zusammen. Schließen Sie die Nähte bis auf die untere Naht. Schneiden Sie die Nahtzugabe auf 0,5 cm zurück und wenden Sie anschließend beide Ohren. Legen Sie die Ohren von beiden Seiten zur Mitte um.

4. Nun stecken Sie die vorderen und hinteren Kopfteile zusammen. Legen Sie dabei die Ohren mit ein. Beachten Sie, dass der Samtstoff nach dem Wenden nach vorne zeigen soll. Schließen Sie die Nähte. Die Halsnaht bleibt offen. Schneiden Sie die Nahtzugabe auf 0,5 cm zurück. Wenden Sie den Kopf und stopfen Sie ihn gleichmäßig mit Füllwatte aus.

5. Für die Beine heften Sie je zwei Samtteile rechts auf rechts zusammen und schließen die Nähte bis auf die obere Naht. Schneiden Sie die Nahtzugabe auf 0,5 cm zurück. Wenden Sie die Beine und stopfen Sie sie mit Füllwatte aus.

6. Dann fügen Sie die Körperteile zusammen und heften dabei die Arme an den markierten Stellen ein. Schließen Sie die seitlichen Nähte. Stecken Sie das Bodenteil an die untere Öffnung des Körpers und fügen Sie dabei die Beine ein. Schließen Sie die Naht entlang der Bodenöffnung und wenden Sie den Körper auf rechts. Stopfen Sie den Körper mit Füllwatte aus.

7. Fügen Sie den Kopf und den Körper am Halsausschnitt zusammen und schließen Sie die Naht von Hand mit Matratzenstich. Nähen Sie die Glasaugen von Hand an oder sticken Sie die Augen mit Stickgarn. Zum Schluss nähen Sie die beiden Teile des Schals an den Längsseiten zusammen und wenden den Stoff. Legen Sie den Schal wie einen Kragen um den Hals und nähen Sie die Enden zusammen.

Frosch Froggi

n Material
Fleecestoff grün, 150 x 30 cm
Bastelfilz grün, 45 x 25 cm
Wackelaugen oder Stickgarn
Textilkleber
Nähgarn weiß
Füllwatte
Schnittmusterpapier
Bleistift
Stoff- und Papierschere
Schneiderkreide
Stecknadeln
Nähnadel

n Zuschnitt
Körperteile 4 x aus Fleece
Arme 4 x aus Fleece
Hände 4 x aus Filz
Halsmanschette 1 x aus Filz
Augen 4 x aus Filz
hinteres Kopfteil 1 x aus Filz
oberes Maulteil 1 x aus Filz
unteres Maulteil 1 x aus Filz
Beine 4 x aus Filz
Bodenteil 1 x aus Fleece

Vorlage 20

1. Übertragen Sie zuerst alle Schnittteile auf Schnittmusterpapier und schneiden Sie sie aus. Stecken Sie die Schnitte mit Stecknadeln auf die Stoffe. Übertragen Sie alle Konturen und Markierungen mit Schneiderkreide auf die Stoffe. Schneiden Sie die einzelnen Teile mit einer Nahtzugabe von 0,75 cm zu.

2. Stecken Sie alle zusammengehörigen Schnittteile von Augen, Armen, Händen und Beinen rechts auf rechts zusammen. Schließen Sie die Nähte von Händen, Augen und Beinen bis auf die obere Naht. An den Armen schließen Sie die Seitennähte. Schneiden Sie die Nahtzugabe auf 0,5 cm zurück und schneiden Sie den Stoff an den Rundungen bis kurz vor die Naht ein. Wenden Sie Hände, Augen und Beine. Füllen Sie diese Teile gleichmäßig und nicht zu straff mit Füllwatte. Legen Sie die Hände in die Arme ein und schließen Sie die Naht. Wenden Sie die Arme.

3. Nun stecken Sie hinteres Kopfteil sowie oberes und unteres Maulteil zusammen. Legen Sie dabei die Augen an den markierten Stellen ein. Schließen Sie die Nähte bis auf die Halsnaht. Schneiden Sie die Nahtzugabe auf 0,5 cm zurück. Wenden Sie den Kopf und stopfen Sie ihn gleichmäßig mit Füllwatte aus.

4. Dann fügen Sie die Körperteile zusammen. Schließen Sie die seitlichen Nähte. Stecken Sie das Bodenteil an die untere Öffnung des Körpers und fügen Sie dabei rechts und links der vorderen Mitte die Beine ein. Schließen Sie die Naht entlang der Bodenöffnung und wenden Sie den Körper durch die Halsöffnung auf rechts. Die Arme nähen Sie mit wenigen Stichen rechts und links der Halsöffnung fest. Stopfen Sie den Körper mit Füllwatte aus.

5. Legen Sie die Halsmanschette über den Körper und fügen Sie Kopf und Körper am Halsausschnitt zusammen. Schließen Sie die Naht von Hand mit Matratzenstich. Kleben Sie die Wackelaugen mit Textilkleber auf oder sticken Sie sie mit Stickgarn.

Tipp:
Für den Fototermin haben wir Froggi mit einer Trillerpfeife ausgestattet, die wir an einem gelben Dekoband befestigt haben.

Schmusige Tierkissen

Schmusige Tierkissen

Schmusige Tierkissen

n **Material**
Baumwollstoff weiß-blau kariert, 150 x 50 cm
Baumwollstoff weiß-gelb kariert, 150 x 50 cm
Baumwollstoff weiß-rosa kariert, 150 x 50 cm
Baumwollstoffreste unterschiedlich gemustert
Volumenvlies
Haftvlies
Nähgarn weiß
Füllwatte
Schnittmusterpapier
Bleistift
Stoff- und Papierschere
Schneiderkreide
Stecknadeln
Nähnadel

n **Zuschnitt**
Körper Gans 2 x
Körper Katze 2 x
Körper Schaf 2 x
Schnabel Gans 2 x
Herzapplikation 2 x
Augen Katze 2 x
Ohren Schaf 2 x
Ei-Applikation 2 x

Vorlage 21, 22, 23

1. Übertragen Sie die Schnittteile auf Schnittmusterpapier und schneiden Sie sie aus. Stecken Sie die Schnitte mit Stecknadeln auf den jeweiligen Stoff. Übertragen Sie alle Konturen mit Schneiderkreide auf den Stoff. Verstärken Sie die Stoffe für die Tierkörper von links mit Volumenvlies, das Sie mit dem Bügeleisen fixieren. Achten Sie dabei auf die empfohlene Temperatureinstellung. Schneiden Sie die Körper mit einer Nahtzugabe von 0,75 cm zu.

2. Verstärken Sie die Stoffreste für die Applikationen mit Haftvlies, das Sie ebenfalls mit dem Bügeleisen fixieren. Die Formen werden ohne Nahtzugabe zugeschnitten. Entfernen Sie die Trägerfolie vom Haftvlies und bügeln Sie die Applikationen auf die Tierkörper (Vorder- und Rückseite). Umnähen Sie die Kanten mit Zickzackstich.

3. Legen Sie jeweils Vorder- und Rückenteil der Tiere rechts auf rechts und nähen Sie die Körper bis auf eine Öffnung von 10 cm zusammen. Schneiden Sie die Nahtzugabe auf 0,5 cm zurück und schneiden Sie den Stoff an den Rundungen bis kurz vor die Naht ein. Bügeln Sie die Nähte auseinander und wenden Sie die Teile.

4. Stopfen Sie die Kissen so mit Füllwatte aus, dass sie prall gefüllt sind. Die verbliebenen Öffnungen schließen Sie von Hand mit einigen Stichen. Die Halsbänder für die Tiere können aus den übrigen Baumwollstoffen gefertigt werden, alternativ können Sie Dekobänder verwenden.

Schnabeltier Elmo

Vorlage 24

n Material
Teddyplüsch hell, 150 x 30 cm
Bastelfilz rosa, 45 x 25 cm
Wackelaugen oder Stickgarn
Textilkleber
Nähgarn weiß
Füllwatte
Schnittmusterpapier
Bleistift
Stoff- und Papierschere
Schneiderkreide oder
wasserlöslicher Markierungsstift
Stecknadeln
Nähnadel

n Zuschnitt
vorderes Körperteil 2 x
aus Plüsch
hinteres Körperteil 2 x
aus Plüsch
Hände 4 x aus Filz
Füße 4 x aus Filz
Ohren 2 x aus Filz, 2 x
aus Plüsch
Kopfteil 2 x aus Plüsch
mittleres Schnabelteil 1 x
aus Filz
seitliches Schnabelteil 2 x
aus Filz

1. Übertragen Sie zuerst alle Teile auf Schnittmusterpapier und schneiden Sie sie aus. Stecken Sie die Schnitte mit Stecknadeln auf den Stoff. Übertragen Sie alle Konturen und Markierungen mit Schneiderkreide oder wasserlöslichem Markierungsstift auf den Stoff. Schneiden Sie die einzelnen Teile mit einer Nahtzugabe von 0,75 cm zu.

2. Stecken Sie je zwei Teile für die Hände und die Füße rechts auf rechts zusammen und schließen Sie die Nähte bis auf die obere Naht. Schneiden Sie die Nahtzugabe auf 0,5 cm zurück und wenden Sie Hände und Füße. Füllen Sie sie gleichmäßig fest mit Füllwatte.

3. Stecken Sie die vorderen und hinteren Körperhälften zusammen und legen Sie Hände und Füße an den vorgegebenen Markierungen ein. Schließen Sie die Naht von der linken Halsöffnung über die linke Körperhälfte zur rechten Körperhälfte bis zur rechten Halsöffnung. Schneiden Sie die Nahtzugabe auf 0,5 cm zurück und schneiden Sie den Stoff an den Rundungen bis kurz vor die Naht ein. Bügeln Sie die Nähte von links. Dann wenden Sie den Körper über die Halsöffnung. Füllen Sie den Körper gleichmäßig und nicht zu straff mit Füllwatte.

4. Als Nächstes nähen Sie die Ohren. Dazu legen Sie je ein Filz- und ein Fellteil rechts auf rechts zusammen und schließen die Nähte bis auf die untere Naht. Auch hier schneiden Sie die Nahtzugabe auf 0,5 cm zurück und wenden die Ohren.

5. Nun fügen Sie die Kopf- und Schnabelteile zusammen und heften dabei die Ohren an den markierten Stellen ein. Beachten Sie, dass bei den Ohren der Filz nach dem Wenden nach vorne zeigen soll. Schließen Sie die Nähte. Die Halsnaht bleibt offen. Schneiden Sie die Nahtzugabe auf 0,5 cm zurück und schneiden Sie den Stoff an den Rundungen bis kurz vor die Naht ein. Wenden Sie den Kopf und stopfen Sie ihn gleichmäßig mit Füllwatte aus.

6. Dann stecken Sie das Körperteil mit dem Kopf zusammen und schließen die restliche Naht mit Matratzenstich. Kleben Sie die Wackelaugen mit Textilkleber an oder sticken Sie die Gesichtskonturen mit Stickgarn.

Wuschelmonster Wobbel

Vorlage 25

n Material

Samt cremeweiß, 150 x 10 cm
langhaariger Teddyplüsch hell,
150 x 25 cm
Wackelaugen oder Stickgarn
Textilkleber
langhaariges Fellimitat schwarz
Nähgarn weiß
Füllwatte
Schnittmusterpapier
Bleistift
Stoff- und Papierschere
Schneiderkreide oder
wasserlöslicher Markierungsstift
Stecknadeln
Nähnadel

n Zuschnitt

Körperseitenteil 2 x aus Plüsch
Bauchteil 1 x aus Plüsch
Bodenteil 1 x aus Samt
Gesicht 1 x aus Samt
Schnabel 2 x aus Samt
Füße 4 x aus Samt
Haarbüschel aus langhaarigem
Fellimitat, ca. 2 cm breit

1. Übertragen Sie zuerst alle Teile auf Schnittmusterpapier und schneiden Sie die Schnitte aus. Stecken Sie die Schnitte mit Stecknadeln auf den Stoff. Übertragen Sie alle Konturen und Markierungen mit Schneiderkreide oder wasserlöslichem Markierungsstift auf die Stoffe. Schneiden Sie die einzelnen Teile mit einer Nahtzugabe von 0,75 cm zu.

2. Legen Sie die Teile für die Füße und den Schnabel rechts auf rechts zusammen. Schließen Sie die Nähte bis auf die obere Naht. Schneiden Sie die Nahtzugabe auf 0,5 cm zurück und schneiden Sie den Samt an den Rundungen knappkantig bis kurz vor die Naht ein. Wenden Sie Schnabel und Füße und füllen Sie die Füße leicht mit Füllwatte. Die Zehen werden etwas stärker gestopft als die Fersen.

3. Stecken Sie den Schnabel gemäß den Markierungen auf das Gesichtsteil und nähen Sie ihn nur am unteren Schnabelteil am Gesicht fest. Dann nähen Sie die Abnäher an den Körperseitenteilen, wie auf den Schnitten markiert. Legen Sie die Seitenteile rechts auf rechts und schließen Sie die Rückennaht. Stecken Sie Bauch- und Gesichtsteil auf die Seitenteile und schließen Sie die Nähte. Schneiden Sie die Nahtzugabe auf 0,5 cm zurück und schneiden Sie den Stoff an den Rundungen knappkantig bis kurz vor die Naht ein.

4. Zum Schluss stecken Sie das Bodenteil an die untere Öffnung des Körpers und fügen dabei die Füße ein. Schließen Sie die Naht bis auf eine Öffnung zum Wenden. Wenden Sie den Körper und stopfen Sie ihn fest und gleichmäßig mit Füllwatte aus. Schließen Sie die restliche Öffnung von Hand mit einigen Stichen. Kleben Sie mit Textilkleber zwei Wackelaugen an oder sticken Sie die Augen mit Stickgarn. Das langhaarige, schwarze Fellimitat wird von Hand als Haarbüschel auf dem Kopf angenäht.

Mausi Maus

n **Material**
langhaariges Teddyfell weiß,
150 x 15 cm
Samt hellgrau, 150 x 10 cm
Füllwatte
Glasperlen oder Stickgarn
Nähgarn weiß
Füllwatte
Schnittmusterpapier
Bleistift
Stoff- und Papierschere
Schneiderkreide oder
wasserlöslicher Markierungsstift
Stecknadeln
Nähnadel

n **Zuschnitt**
seitliches Körperteil 2 x
seitliches Kopfteil 2 x
Bodenteil 1 x aus Fell
Ohren 2 x aus Fell, 2 x aus Samt
Baumwollkordel, 20 cm lang

Vorlage 24

1. Übertragen Sie zuerst alle Teile auf Schnittmusterpapier und schneiden Sie sie aus. Stecken Sie die Schnitte mit Stecknadeln auf den Stoff. Übertragen Sie alle Konturen und Markierungen mit Schneiderkreide oder wasserlöslichem Markierungsstift auf den Stoff und schneiden Sie die einzelnen Teile mit einer Nahtzugabe von 0,75 cm zu.

2. Stecken Sie jeweils die beiden Körperteile sowie die beiden Kopfteile rechts auf rechts zusammen. Schließen Sie die mittleren Nähte. Für die Ohren stecken Sie je ein Teil aus Fell und ein Teil aus Samt zusammen. Schließen Sie die Nähte an den Ohren bis auf die untere Naht. Schneiden Sie die Nahtzugabe auf 0,5 cm zurück und schneiden Sie den Stoff an den Rundungen bis kurz vor die Naht ein. Wenden Sie die Ohren.

3. Dann stecken Sie Körper- und Kopfteil zusammen und legen die Ohren an den markierten Stellen ein. Dabei die Ohren von beiden Seiten nach innen schlagen. Schließen Sie die Naht. Beachten Sie, dass das Ohrteil aus Samt nach dem Wenden nach vorne zeigen soll.

4. Stecken Sie den Boden an Kopf- und Körperteil. Nähen Sie Körper und Boden bis auf eine kleine Öffnung zum Wenden zusammen. Arbeiten Sie dabei am hinteren Ende die Baumwollkordel ein. Fixieren Sie die Kordel durch mehrmaliges Vor- und Zurücknähen. Wenden Sie die Maus und füllen Sie sie fest und gleichmäßig mit Füllwatte aus. Verschließen Sie die restliche Öffnung von Hand. Dann nähen Sie zwei kleine Glasperlen als Augen an oder sticken die Gesichtskonturen mit Stickgarn.

Tipp:
Mausi Maus kann zum besonderen Geschenk zu Geburt oder Taufe werden, wenn Sie eine Spieluhr einarbeiten. Die Aufziehschnur wird dabei zum Mäuseschwanz. Stopfen Sie den Körper um die Spieluhr gut aus, so dass die Kanten nicht mehr spürbar sind. Damit man die Spieluhr auch aufhängen kann, nähen Sie eine Schlaufe aus einem Stück Baumwollkordel von Hand an den Mäuserücken. Achten Sie aber darauf, dass Sie die Baumwollkordel so anbringen, dass die Maus austariert hängt.